Nathalie Delhaye
Stéphanie Huré

Papier verziert

Haupt

Nathalie Delhaye
Stéphanie Huré

Papier verziert

Anleitungen zum Dekorieren von Wohnutensilien

Fotografien von Charlotte Lascève

Haupt Verlag
Bern • Stuttgart • Wien

Nathalie Delhaye ist Grafikerin und Objektgestalterin, sie mag Objekte voller Leben, mit denen sie interessante Akzente im Alltag setzt. An der Estienne-Schule für angewandte Künste hat sie die visuelle Kommunikation erlernt und dabei Buchstaben, Formen und Farben gesammelt. An der Auguste-Renoir-Schule entdeckte sie die Magie der Typografie und des Raums. Ihre grafischen und poetischen Objekte schließen die Welt der Kinder und Druckerzeugnisse aus Papier mit ein.
In diesem Werk wird Papier zur Bekleidung. Es kleidet, tarnt und kostümiert alles – oder zumindest fast alles …
Von Nathalie Delhaye sind im Haupt Verlag bereits die Bücher »Bijoux« und »Lichtgirlanden« erschienen.

Stéphanie Huré kreiert nach einer Ausbildung in den Bereichen bildende Künste und Textildesign heute Motive für Haushaltswäsche. Darüber hinaus ist sie Designerin und erstellt Wandbilddrucke.
Sie mag die Welt der Motive und Druckwerke, die einen wesentlichen Bestandteil ihrer Arbeit darstellt: Sie verwendet Druckerzeugnisse als Grundlage, um sie zu vermischen, umzuwandeln und in ihren Objekten einzusetzen.
Das Papier bildet bei den vorgestellten Projekten die farbenfrohe Basis. Papier ist ein angenehmes Material und anpassungsfähig, man kann damit Gegenstände personalisieren, und gleichzeitig verleiht Papier einem Gegenstand eine spezielle Note. Es macht aus den einfachsten Objekten Elemente, die einem Märchen entsprungen oder von einer weiten Reise zurückgekehrt zu sein scheinen …

Hinweise zum Umgang mit Papierservietten

Papierservietten sind leicht erhältlich und eignen sich gut zum Dekorieren von Objekten. Dennoch sind einige Hinweise angebracht:

Papierservietten bestehen aus drei Lagen. Sie müssen die Servietten vor dem Verarbeiten systematisch auseinanderlösen, um nur die bedruckte Lage zu verwenden.

Nehmen Sie vorzugsweise weiße oder helle Objekte, sodass die Farbe oder das Motiv der Servietten oder des dünnen Papiers besser sichtbar bleibt. Andernfalls streichen Sie das zu dekorierende Objekt vorher mit weißer Acrylfarbe.

Wenn Sie runde Objekte dekorieren möchten, schneiden Sie kleine Papierstücke zu, um Falten zu vermeiden.

Die verschiedenen Transferlacke für Papierservietten, auch Serviettenkleber genannt, weisen keine wesentlichen Unterschiede auf, sie sind oft Kleber und Lack in einem und lassen sich für fast alle Untergründe verwenden.

Es gibt jedoch:
– Transferlack für Textilien.

– Transferlack für Keramikartikel, die im Backofen gebrannt werden sollen (30 Minuten bei 170° C), wodurch eine gute Haltbarkeit gewährleistet und das Abwaschen ermöglicht wird.

– Transferlack für Kerzen.

Beachten Sie in diesen drei Fällen die in der Gebrauchsanweisung angegebenen Trocknungszeiten.

Mit Papier verzierte Objekte werden meistens mit einer abschließenden Schicht Transferlack versehen, können aus ästhetischen Gründen aber auch unbearbeitet bleiben. Beachten Sie dabei nur, dass dies langfristig Auswirkungen auf die Widerstandsfähigkeit des Objekts und auf die Möglichkeiten zur Pflege hat.

Pergamentpapier
Borstenpinsel
Transferlack
Seidenmatter Transferlack
Versiegelungsla
Feiner Haar-pinsel
Artemio
250 ml
Satin
Découpage
e 50 ml
décopatch
Kraftkleber
Pattex
MULTI USAGES
Flachzange
Schere
Flachpinsel
Flachpinsel

Das Material

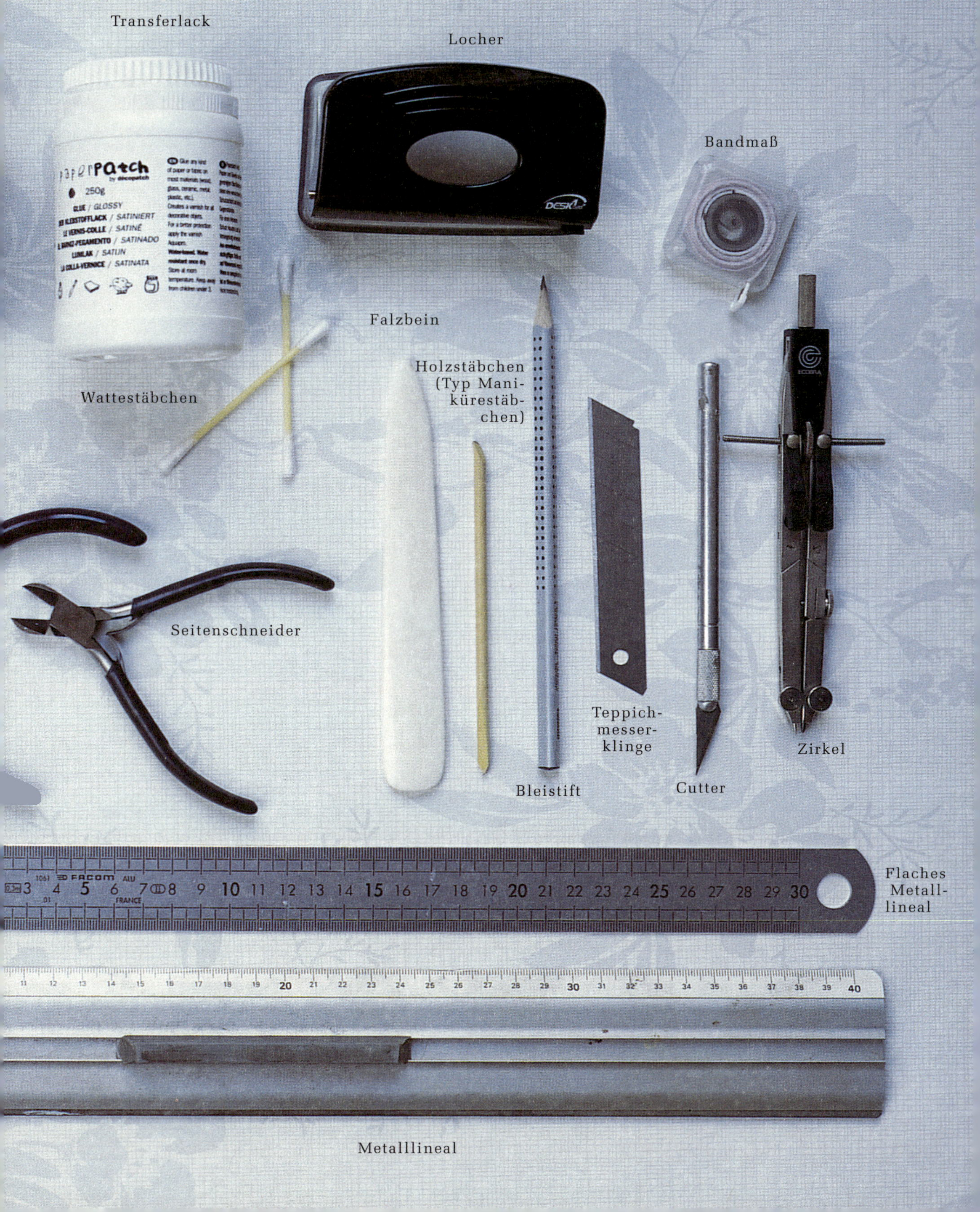

Windlicht

Material

1 hitzebeständiges, dickes, unbedrucktes Glas in Becherform
1 Blatt weißes Seidenpapier
1 ausgeschnittenes Motiv auf feinem Papier (entweder fertig gekauft, selbst ausgeschnitten oder selbst gemalt in Aquarelltechnik)
Feine Schere
Bleistift
Bandmaß
Sprühkleber
Flachpinsel mit weichen Borsten
Transferlack

1/ Messen Sie den Glasumfang.

2/ Legen Sie das Glas auf das Seidenpapier, und lassen Sie es langsam rollen, wobei Sie den Weg mit dem Bleistift ein wenig länger als den Umfang nachzeichnen. Sie erhalten so die Zeichnung einer leicht runden Banderole, die der Außenfläche des Glases entspricht. Schneiden Sie die Banderole aus. Passen Sie die Länge an, indem Sie die Banderole um das Glas legen und den überstehenden Rest abschneiden.

3/ Sprühen Sie eine Seite der Banderole mit Sprühkleber ein, und legen Sie sie um das Glas. Streichen Sie dabei mit den Fingern darüber, um Falten zu vermeiden.

4/ Sprühen Sie nun die Rückseite des Motivs mit Sprühkleber ein, und platzieren Sie das Motiv nach Ihren Vorstellungen auf dem Glas. Lassen Sie das Papier trocknen.

5/ Tragen Sie nun mit dem Pinsel den Transferlack auf die gesamte Außenseite des Glases auf. Lassen Sie das Windlicht trocknen.

Schuhkartons

Material

Pappkarton
Blaue Acrylfarbe
Bunte Papierservietten mit großen Blumen
Origamipapier
Goldenes Seidenpapier
Aufkleber
Locher
Transferlack
Teppichmesser
Schere
Borstenpinsel
Schneidunterlage

1/ Malen Sie den Schuhkarton blau an. Lassen Sie ihn trocknen.

2/ Schneiden Sie die Motive (Blumen, Blätter, Schmetterlinge, Insekten usw.) der Papierservietten aus, und ziehen Sie jeweils die obere Papierschicht ab.

3/ Schneiden Sie Kreise verschiedener Durchmesser und Rechtecke aus Seidenpapier aus. Verwenden Sie gegebenenfalls einen Locher, um die Formen zu durchbrechen.

4/ Erzählen Sie eine kleine Geschichte, indem Sie die Aufkleber, Seidenkreise, das Origamipapier, die großen Blumen, die Blätter usw. auf der Schachtel anordnen und mit Transferlack festkleben. Wichtig ist dabei das Spiel mit Farb- und Proportionskontrasten.

5/ Wenn Sie möchten, können Sie den gesamten Karton mit zwei Schichten Transferlack bestreichen, um der Schachtel so einen gleichmäßigen, glänzenden Effekt zu verleihen und sie zu festigen.

Blumentopf

Material

Terrakottatopf
Pflaumenfarbene Servietten mit blasslila Punkten
Pergamentpapier
Transferlack
Schere
Teppichmesser
Borstenpinsel
Außenlack: Versiegelungslack

1/ Tragen Sie zwei Schichten Transferlack auf die Innenseite des Topfes auf, um Feuchtigkeit abzuweisen. Verwenden Sie Pergamentpapier als Unterlage, um dieses Projekt sauber durchführen zu können.

2/ Ziehen Sie die obere Serviettenschicht ab, und kleben Sie sie mit Transferlack direkt auf die Außenfläche des Topfes. Streichen Sie das Papier von der Mitte nach außen hin glatt. Bedecken Sie die gesamte Fläche des Topfes, und überlagern Sie dabei die Schichten. Lassen Sie den Blumentopf trocknen.

3/ Nachdem der Blumentopf vollständig getrocknet ist, überziehen Sie ihn mit zwei Schichten Versiegelungslack, um ihn vor Sonne und Wettereinflüssen zu schützen.

Ohne Versiegelungslack wird aus diesem Topf ein Übertopf für Zimmerpflanzen.

Mini-Kommode

Material

Verschiedenes bedrucktes Papier
in lebendigen Farben
Metermaß
Schere
Sprühkleber
Großer Flachpinsel mit weichen Borsten (optional)
Transferlack (optional)

1/ Ziehen Sie die Schubladen aus dem Gestell.

2/ Messen Sie die Seiten und die obere Fläche des Gestells aus.

3/ Zeichnen Sie drei entsprechend große Teile auf demselben Papier auf, und geben Sie in der Breite jeweils 2 cm für den Rand hinzu. Schneiden Sie die Teile aus.

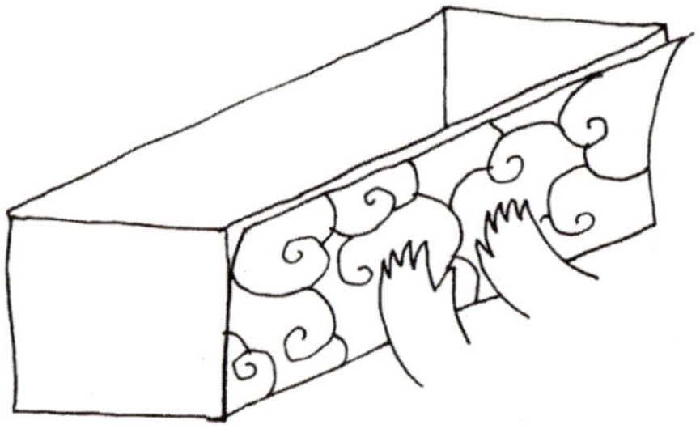

4/ Sprühen Sie die Rückseiten der Teile mit Sprühkleber ein, und bringen Sie sie auf dem Gestell an. Streichen Sie die Teile mit der Hand glatt. Schneiden Sie beim Umklappen der überstehenden Ränder auf der Höhe der Zwischenböden kleine Kerben in das Papier.

5/ Schneiden Sie zwei schmale Bänder aus, und bekleben Sie damit die Kanten der Zwischenböden.

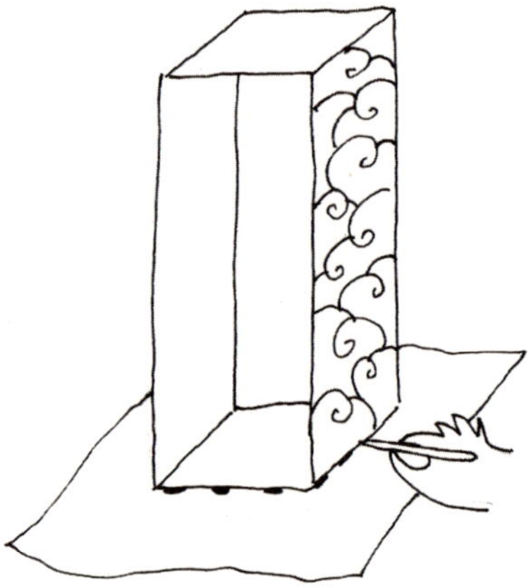

6/ Stellen Sie eine Schublade mit der Vorderseite auf die Rückseite eines Bogens Papier, und zeichnen Sie die Kanten nach, um sie anschließend auszuschneiden. Wiederholen Sie den Vorgang für die übrigen Schubladen, und variieren Sie dabei das Papier, um einen Patchwork-Effekt zu erhalten. Schneiden Sie die Teile aus, und kleben Sie sie mit dem Sprühkleber auf die Schubladen.

7/ Schieben Sie die Schubladen wieder in das Gestell. Sie können die Kommode matt belassen oder eine Schicht Transferlack auftragen, um einen seidenmatten Effekt und eine robustere Oberfläche zu erhalten.

Tisch und Stuhl

Material

Papier mit Schwarz-Weiß-Druck, z.B. Zeitungspapier oder chinesisches Papier
Origamipapier in lebendigen Farben
Weiße Acrylfarbe
Lineal
Zirkel
Schere
Großer Flachpinsel mit weichen Borsten
Starker Sprühkleber
Transferlack

1/ Falls Tisch und Stuhl dunkel sind, streichen Sie die Tischplatte sowie die Sitzfläche und die Rückenlehne (beidseitig) des Stuhls mit weißer Acrylfarbe. Lassen Sie die Farbe trocknen.

2/ Messen Sie die zu beklebenden Flächen aus, und schneiden Sie die entsprechenden Formen aus schwarz-weiß bedrucktem Papier aus. Geben Sie dabei auf jeder Seite 2 cm für den Rand hinzu. Schneiden Sie die Form für die Rückseite der Rückenlehne passend aus, und schneiden Sie sie in drei Teile, so sparen Sie beim Bekleben die Stäbe aus.

3/ Sprühen Sie die Rückseiten der ausgeschnittenen Papierteile mit Sprühkleber ein, und kleben Sie sie auf. Streichen Sie sie mit der Hand glatt.

4/ Zeichnen Sie mit dem Zirkel mehrere Kreise auf das Origamipapier. Schneiden Sie die Kreise aus, und kleben Sie sie mit dem Sprühkleber in unregelmäßigen Abständen auf die Flächen.

5/ Bestreichen Sie das Ganze großzügig mit einer Schicht Transferlack. Lassen Sie den Lack trocknen.

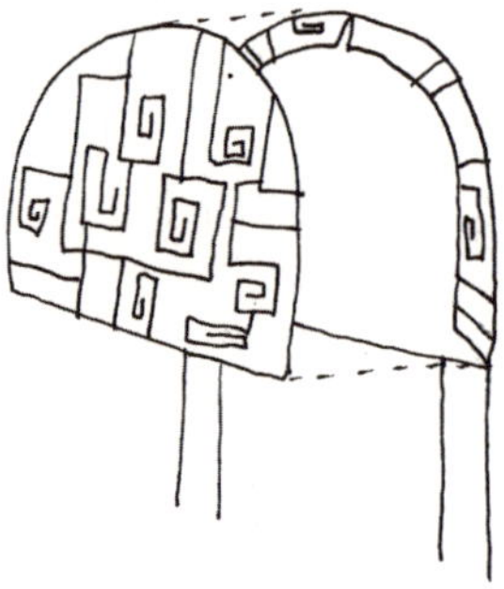

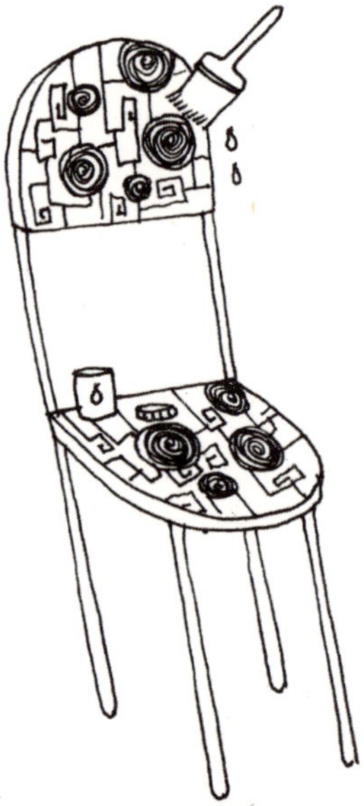

Büroutensilien

Material

Glatte Metalldose
Glas für Stifthalter
Einfache Hefte
Bunte Servietten, hier mit Bajadere-Motiv
Rote Servietten, hier mit Matroschka-Motiv
Fuchsienfarbenes Seidenpapier
Origamipapier
Transferlack
Schere
Teppichmesser
Borstenpinsel
Schneidunterlage

1/ Metalldose

Ziehen Sie die obere Schicht von zwei oder drei Servietten mit Bajadere-Motiv ab. Messen Sie die Dose aus, und beziehen Sie dabei auch die Kanten mit ein. Übertragen Sie die Abmessungen auf die Servietten.
Schneiden Sie die Teile aus, und kleben Sie sie auf die Dose.
Achten Sie darauf, den oberen Rand der Dose, auf den der Deckel aufgesetzt wird, nicht zu bekleben.
Tragen Sie ein oder zwei Schichten Transferlack auf, um einen gleichmäßigen Effekt zu schaffen und die Dose zu schützen.

2/ Stifthalter

Bekleben Sie das gesamte Glas mit fuchsienfarbenem Seidenpapier.
Schneiden Sie mit einer Schere aus den Matroschka-Servietten zwei bis vier Motive und aus dem Origamipapier etwa zehn Blüten aus. Ordnen Sie diese Elemente nach Belieben an, und kleben Sie sie auf das Glas.
Tragen Sie ein oder zwei Schichten Transferlack auf, um einen gleichmäßigen Effekt zu schaffen und den Stifthalter zu schützen.

3/ Notizhefte

Bekleben Sie die Notizhefte mit einer Grundschicht aus Bajadere-Servietten. Schneiden Sie mit einer Schere aus den Matroschka-Servietten drei bis fünf Motive und aus dem Origamipapier etwa zehn Blüten aus. Ordnen Sie diese Elemente nach Belieben auf einem Rand von 8 cm Breite rechts auf der Vorderseite des Hefts an.
Tragen Sie ein oder zwei Schichten Transferlack auf, um einen gleichmäßigen Effekt zu schaffen und das Heft zu schützen.

Zuckerkugel

Material

Zuckerkugel
Papierservietten mit goldenen Blumenmotiven auf weißem Untergrund
Pergamentpapier
Transferlack
Schere
Ablösbares Klebeband
Teppichmesser
Borstenpinsel
Wattestäbchen

1/ Schneiden Sie mit einer Schere vorsichtig die goldenen Blumen aus der Papierserviette aus, und ziehen Sie jeweils die obere Schicht ab.

2/ Arrangieren Sie die Elemente anschließend auf der Zuckerkugel, und befestigen Sie sie mit ablösbarem Klebeband.

3/ Verwenden Sie Pergamentpapier als Unterlage, um dieses Projekt sauber durchführen zu können. Tragen Sie den Transferlack mit einem Borstenpinsel auf die Rückseiten der Blumen auf. Platzieren Sie die Blumen nacheinander auf der Zuckerkugel, sodass Sie das gewünschte Arrangement erhalten.

4/ Entfernen Sie überschüssigen Transferlack mit einem feuchten Wattestäbchen, bevor der Lack vollständig getrocknet ist.

5/ Bestreichen Sie das Ganze mit ein bis zwei Schichten Transferlack, um dem Objekt einen gleichmäßigen Effekt zu verleihen.

Lampenschirm

Material

Silberfarbener Lampenschirm
Kupferstichdrucke
Transferlack
Schere
Teppichmesser
Borstenpinsel
Taschenrechner
Ablösbares Klebeband
Pergamentpapier

1/ Wählen Sie die Kupferstichdrucke aus, die Sie verwenden möchten. Fertigen Sie davon Fotokopien in der gewünschten Größe an. Wählen Sie Formen aus, die einfach auszuschneiden sind, also möglichst keine Grashalme oder Haare. Wenden Sie zum Berechnen der Größe der Elemente, die Sie fotokopieren werden, folgende magische Formel an: »Das, was ich möchte, geteilt durch das, was ich habe.«

2/ Schneiden Sie die Formen mit einer Schere sorgfältig aus.

3/ Arrangieren Sie die Elemente auf dem Lampenschirm, und befestigen Sie sie mit ablösbarem Klebeband.

4/ Tragen Sie den Transferlack mit einem Borstenpinsel auf der Rückseite der Elemente auf. Platzieren Sie die Elemente nacheinander vorsichtig auf dem Lampenschirm, sodass das gewünschte Arrangement oder vielleicht sogar eine Geschichte entsteht.

5/ Wenn Sie möchten, können Sie den Lampenschirm mit zwei Schichten Transferlack überziehen, um dem Lampenschirm einen gleichmäßigen Effekt zu verleihen und ihn zu schützen. Er bekommt dadurch eine glänzende Oberfläche.

Kissen

Material

2 einfache Kissen aus Drillich
1 oder 2 Papierservietten
Lineal
Zirkel
Bleistift
Schere
Transferlack für Textilien
Großer Flachpinsel mit weichen Borsten

1/ Zeichnen Sie auf der Rückseite der auseinandergefalteten Serviette mit dem Zirkel mehrere verschieden große Kreise und einen Streifen in der gewünschten Breite (die Länge des Streifens muss der Breite des Kissens entsprechen).

2/ Schneiden Sie die Motive aus, und ziehen Sie jeweils die obere Serviettenschicht ab.

3/ Platzieren Sie die Motive an den gewünschten Stellen auf den beiden Kissen, und zeichnen Sie die Konturen leicht mit dem Bleistift nach.

4/ Füllen Sie das Innere dieser Konturen mit Transferlack für Textilien.

5/ Platzieren Sie die Motive wieder an den markierten Stellen; streichen Sie sie mit dem Pinsel glatt. Überziehen Sie sie erneut mit einer Schicht Transferlack. Die Kissenhüllen trocknen lassen.

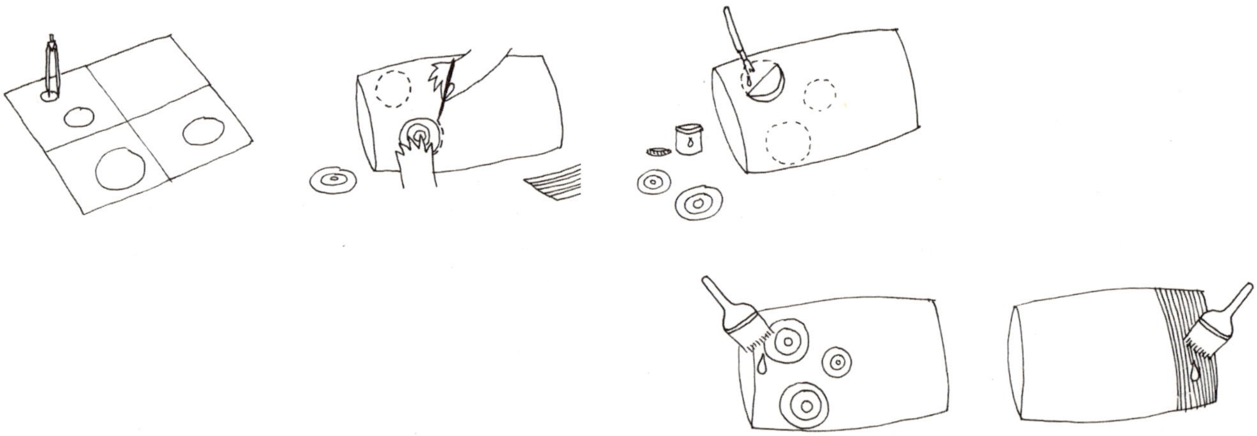

Bilderrahmen

Material

Leichtschaumplatte (z.B. Styropor®)
Papierservietten mit schwarz-weißem Blumendekor
Transferlack
Teppichmesser
Lineal
Borstenpinsel
Schneidunterlage
Cutter

1/ Schneiden Sie aus der Leichtschaumplatte drei Quadrate von 18 x 18 cm aus.

2/ Ziehen Sie jeweils die obere Schicht von mehreren Papierservietten ab, und kleben Sie sie auf die Leichtschaumplattenstücke. Streichen Sie dazu die Rückseiten der Servietten und die Leichtschaumplatten mit Transferlack ein.

3/ Lassen Sie das Ganze mehrere Stunden lang trocknen, und schneiden Sie dann die überstehenden Serviettenränder ab. Schneiden Sie danach mit dem Cutter ein Quadrat von 8 x 8 cm aus der Mitte der Fläche aus.

4/ Dieses Fenster ist der Platz für Ihr Foto. Befestigen Sie das Foto mit Klebeband auf der Rückseite des Rahmens.

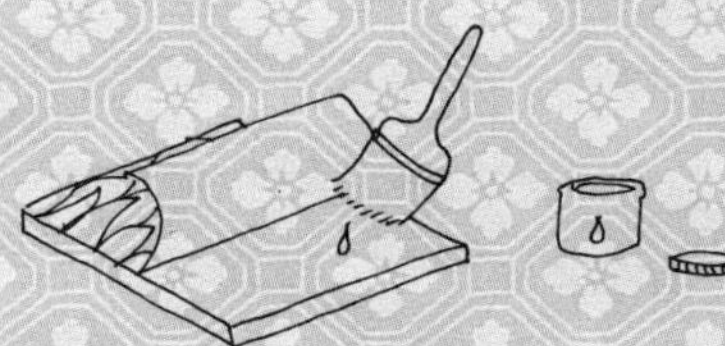

Stehlampe

Material

Grundgestell einer Lampe (Fuß und Glühlampe)
1 Bogen Klebefolie für Lampenschirme oder Lampenpapier
1 Bogen Papier mit kleinen Fantasiemustern
Zierband
Lineal
Bleistift
Schere
1 Tube starker Mehrzweckkleber

1/ Bestimmen Sie die Größe des Rechtecks, aus dem der Lampenschirm entstehen soll (hier 40 cm Länge und 25 cm Höhe).

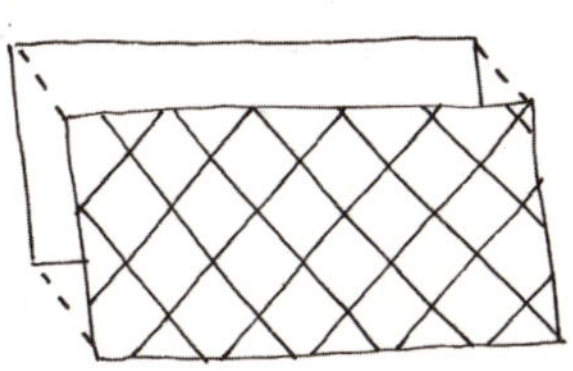

2/ Zeichnen Sie das Rechteck auf die Rückseite des Fantasiepapiers auf, fügen Sie 1 cm Randzugaben hinzu, und schneiden Sie es aus.

3/ Ziehen Sie den Schutzstreifen des Lampenpapiers ab, und kleben Sie das Fantasiepapier auf (Rückseite des Papiers auf Klebeseite). Achten Sie dabei darauf, dass keine Falten entstehen. Schneiden Sie die überstehenden Ränder des Lampenpapiers mit der Schere ab.

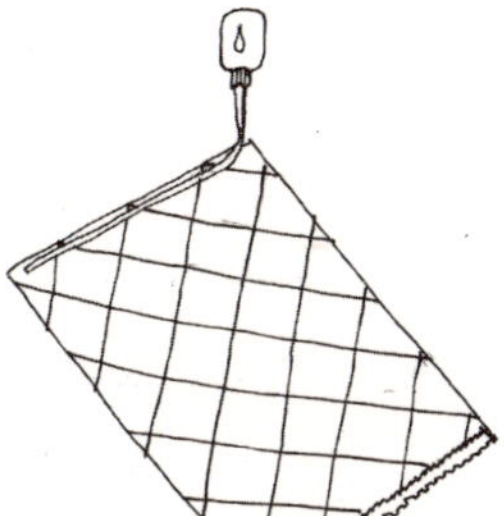

4/ Tragen Sie auf die beiden Längsseiten des Rechtecks, und zwar auf der Motivseite, einen Streifen starken Mehrzweckkleber auf. Setzen Sie hier das vorher zugeschnittene Zierband auf. Drücken Sie es an, und lassen Sie den Kleber trocknen.

5/ Fügen Sie die beiden Querseiten zusammen, sodass sich eine Röhre bildet, und kleben Sie sie mit dem Mehrzweckkleber mit 1 cm Überlappung zusammen. Drücken Sie die Klebestellen einen Moment an, und lassen Sie den Kleber dann trocknen.

6/ Setzen Sie die Röhre schließlich auf den Fuß mit der Glühlampe, und schneiden Sie mit der Schere eine kleine Aussparung für das Kabel in den Lampenschirm.

ELLE

Sets

Material

(Für 1 Set)

1 Papierserviette
1 Stück dickerer weißer oder naturfarbener Kattun (z.B. Markisen- oder Liegestuhlstoff)
Zirkel
Bleistift
Großer Flachpinsel mit weichen Borsten
Einfacher Transferlack oder spezieller Transferlack für Textilien

Großzügig aufgetragener Transferlack ergibt einen wachstuchartigen Effekt, und das Set kann mit einem feuchten Schwamm abgewischt werden. Den speziellen Transferlack für Textilien benötigen Sie nur, wenn Sie die Sets waschen möchten.

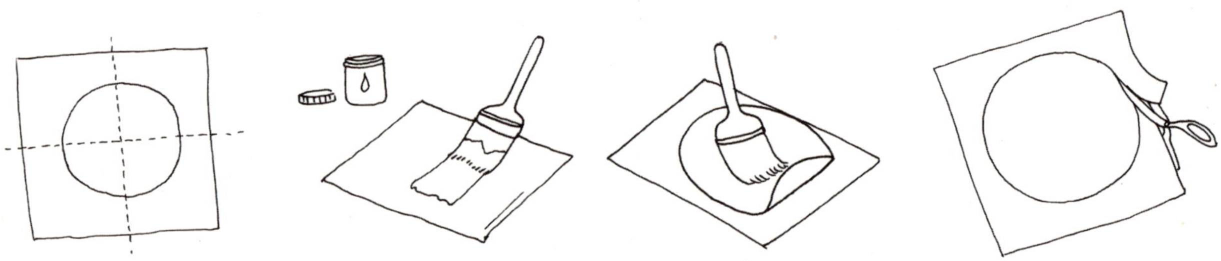

1/ Falten Sie die Serviette auseinander, und zeichnen Sie mit dem Zirkel einen Kreis von ca. 30 cm Durchmesser auf die Rückseite.

2/ Schneiden Sie den Kreis aus, und ziehen Sie die obere Schicht der Serviette ab.

3/ Tragen Sie den Transferlack mit dem Pinsel auf ein Stück Kattun auf, das etwas größer ist als der ausgeschnittene Kreis.

4/ Kleben Sie den Kreis auf den Kattun, und streichen Sie ihn mit dem Flachpinsel glatt. Tragen Sie dabei eine großzügige Schicht Transferlack auf.

5/ Lassen Sie das Set trocknen.

6/ Schneiden Sie den überstehenden Kattun um den Kreis herum ab.

Retro-Einkaufstasche

Material

1 Foto auf dünnem Papier, etwa Zeitungspapier (hier Titelblatt einer alten Frauenzeitschrift)
1 einfacher Stoffbeutel
Paillettenband
Bleistift
Cutter
Metalllineal
Flachpinsel mit weichen Borsten
Einfacher Transferlack oder spezieller Transferlack für Textilien
Starker Mehrzweckkleber oder Posamentkleber

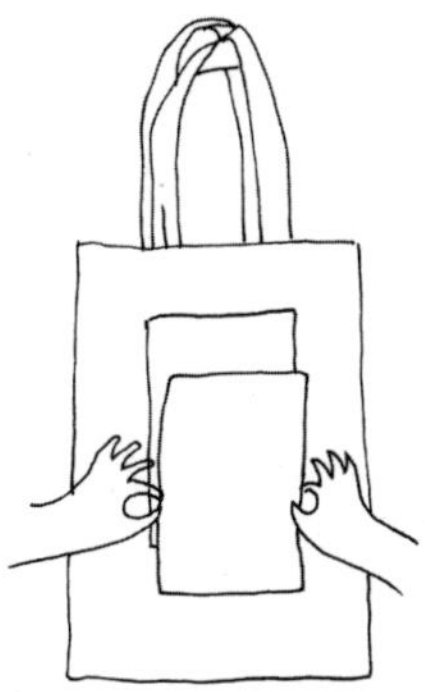

1/ Schneiden Sie das ausgewählte Bild mit dem Cutter aus.

2/ Zeichnen Sie in die Mitte des Beutels ein Rechteck in der Größe des Bildes.

3/ Tragen Sie Transferlack auf dieses Rechteck auf.

4/ Kleben Sie das Bild auf, und bestreichen Sie es mit einer weiteren Schicht Transferlack.

5/ Lassen Sie das Ganze trocknen.

6/ Messen Sie den Umfang des Bildes, und schneiden Sie ein Stück Paillettenband in dieser Länge zurecht. Kleben Sie es mit dem starken Kleber um das Bild herum auf.

7/ Kleben Sie ebenfalls einige Pailletten, die Sie vorher von dem Band abgelöst haben, in unregelmäßigen Abständen auf das Bild.

Antiker Koffer

Material

Ein alter Koffer
Zeitungspapier
Papier mit chinesischem Blumenmuster
Pergamentpapier
Pauspapier
Rotes Seidenpapier
Transferlack
Schere
Teppichmesser
Lineal
Borstenpinsel
Locher
Schneidunterlage

1/ Schneiden Sie mit dem Teppichmesser 20 cm breite Streifen aus Zeitungspapier zurecht. Bestreichen Sie die Rückseiten der Streifen mit Transferlack. Streichen Sie den Koffer ebenfalls mit Transferlack ein, damit das aufgeklebte Papier besser hält.

2/ Bekleben Sie den Koffer mit Zeitungspapier. Lassen Sie dabei Stellen frei, um einen Kontrast herzustellen. Sparen Sie die Schlösser, die Ecken usw. aus. Lassen Sie den Koffer trocknen.

3/ Zeichnen Sie mit dem Pauspapier die freien Stellen des Koffers nach. Achten Sie dabei besonders auf die Konturen und abgerundeten Ecken, um diese in der Zeichnung auszulassen. Übertragen Sie die Formen auf die Rückseite des Blumenpapiers, und schneiden Sie sie genau aus.

4/ Verwenden Sie Pergamentpapier als Unterlage, und bestreichen Sie das Blumenpapier mit Transferlack. Tragen Sie den Lack mit einem Borstenpinsel auf die Rückseite der Papierstücke und auf den Koffer auf.

5/ Kleben Sie alle zugeschnittenen Papierstücke auf. Als Abschluss können Sie Löcher aus dem Seidenpapier ausstanzen und das Seidenpapier aufkleben, um einen weiteren optischen Effekt hinzuzufügen. Tragen Sie nun noch ein bis zwei Schichten Transferlack auf, um dem Koffer einen gleichmäßigen, antiken Effekt zu verleihen.

Spiegel

Material

Leichtschaumplatte (z.B. Styropor®)
Papierservietten, rot mit weißen Punkten
Papierservietten, schwarz mit weißen Punkten
Papierservietten mit grünen Blumen
auf weißem Untergrund
Papierservietten mit lilafarbenen Blumen
auf weißem Untergrund
Papierservietten mit goldenen Blumen
auf weißem Untergrund
3 Spiegel, je 12 cm Durchmesser
Transferlack
Schere
Cutter, Teppichmesser
Lineal
Starker Kleber
Zirkel
Schneidunterlage

1/ Für den großen Kreis (19 bis 20 cm Ø): Nehmen Sie eine rote Serviette mit weißen Punkten, und lassen Sie sie zusammengefaltet. Schneiden Sie mit der Schere eine Viertelkreisbahn von 2 cm Breite aus.

2/ Für den kleinen Kreis (15 cm Ø): Wiederholen Sie den Vorgang mit einer Papierserviette mit goldenen Blumen auf weißem Untergrund. Schneiden Sie eine Kreisbahn von 1,5 cm Breite aus.

3/ Schneiden Sie aus einer Leichtschaumplatte ein Quadrat von 22 cm Kantenlänge aus. Markieren Sie ganz leicht die Mitte. Zeichnen Sie mit dem Zirkel einen Kreis von 12 cm (da wird der Spiegel später platziert) und einen von 20 cm Durchmesser auf. Schneiden Sie den großen Kreis mit dem Cutter aus.

4/ Ziehen Sie jeweils die obere Schicht der Papierkreise ab. Streichen Sie die kleinere Kreisbahn mit Transferlack ein, und kleben Sie sie mittig auf die Platte auf. Kleben Sie dann die größere Kreisbahn auf. Schneiden Sie den Außenrand der Leichtschaumplatte passend zu.

5/ Stellen Sie einen zweiten Kreis von 16 cm Durchmesser aus der Leichtschaumplatte her, und kleben Sie ihn auf die Rückseite des ersten. Jetzt müssen Sie nur noch den Spiegel mit dem starken Kleber in die Mitte der Vorderseite kleben.

6/ Wiederholen Sie die oben stehenden Schritte mit zwei anderen Serviettensorten und tragen Sie ein bis zwei Schichten Transferlack auf.

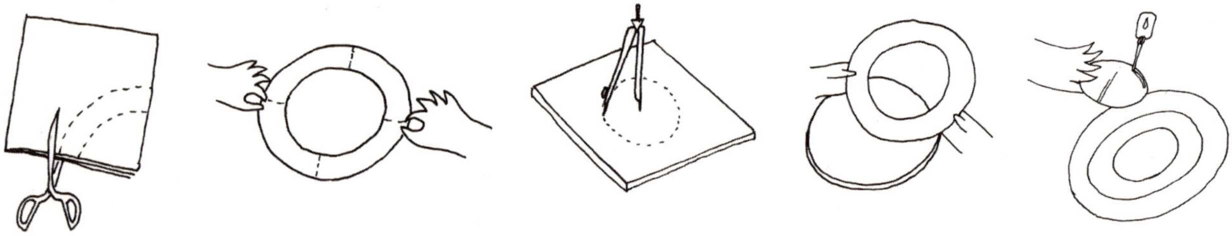

Teekanne und Stoffservietten

Material

1 einfache Teekanne oder Trinkschale aus Keramik
1 einfache weiße Serviette aus Baumwolle oder Leinen
1 oder 2 Papierservietten
Feine Schere
Bleistift
Flachpinsel mit weichen Borsten
Transferlack für Textilien
Transferlack für Keramik
Feine Teppichmesserklinge

Baumwollserviette

1/ Schneiden Sie das gewählte Motiv aus der Papierserviette aus.

2/ Ziehen Sie die obere Schicht ab.

3/ Platzieren Sie das Motiv an der gewählten Stelle auf der Stoffserviette, und zeichnen Sie die Konturen leicht mit dem Bleistift nach.

4/ Tragen Sie den Transferlack für Textilien mit dem Flachpinsel innerhalb der Markierung auf, platzieren Sie das Motiv darauf, und überziehen Sie es mit einer weiteren Schicht Transferlack. Streichen Sie das Motiv dabei mit dem Pinsel glatt. Lassen Sie die Serviette trocknen.

Teekanne oder Trinkschale aus Keramik

Die Vorgehensweise ist dieselbe. Verwenden Sie nur statt des Transferlacks für Textilien Transferlack für Keramik. Lassen Sie das Objekt vier Stunden lang trocknen, und kratzen Sie dann mögliche Nasen mit einer feinen Teppichmesserklinge ab. Brennen Sie das Objekt im Backofen 30 Minuten lang bei 170 °C.

Krug

Material

1 Keramik- oder Porzellankrug
1 Glas (dick genug zum Brennen im Ofen)
1 Paperspitzendeckchen
Feine Schere
Transferlack für Keramik (Medium für Porzellan)
1 kleine Dose Farbspray (bevorzugte Pastellfarbe)
Kleiner Flachpinsel mit weichen Borsten
Schmale Teppichmesserklinge

1/ Schneiden Sie nach Belieben eine Form in der richtigen Größe für den Krug aus dem gemusterten Teil des Deckchens aus.

2/ Besprühen Sie die Vorderseite des ausgeschnittenen Motivs mit Farbe, und lassen Sie es trocknen.

3/ Tragen Sie Transferlack auf die Rückseite des Motivs auf, platzieren Sie es auf mittlerer Höhe auf dem Krug, tragen Sie eine zweite Schicht Transferlack auf das Motiv auf, diesmal auf die Vorderseite, und streichen Sie es mit dem Pinsel glatt. Lassen Sie das Ganze ca. 4 Stunden trocknen. Kratzen Sie etwaige Nasen mit der feinen Teppichmesserklinge ab.

4/ Brennen Sie das Objekt im Backofen 30 Minuten lang bei 170 °C.

5/ Verfahren Sie für das Glas auf dieselbe Weise.

Brosche

Material

Sicherheitsnadel
Papierservietten, hier mit Toile-de-Jouy-Motiv
2 Flachzangen
4 Bronzeringe
Leichtschaumplatte (z.B. Styropor®)
Transferlack
Schere
Teppichmesser
Borstenpinsel
Schneidunterlage
Cutter

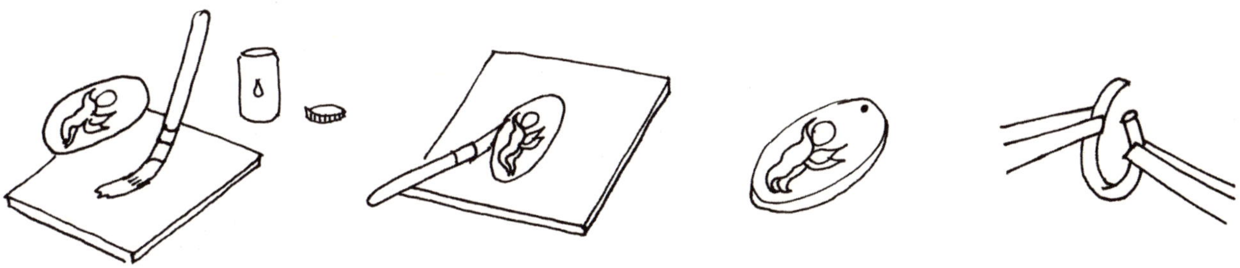

1/ Schneiden Sie zwei Toile-de-Jouy-Motive in Medaillonform aus, und ziehen Sie jeweils die obere Papierschicht ab.

2/ Kleben Sie eines der Motive mit Transferlack auf ein Stück Leichtschaumplatte.

3/ Lassen Sie das Ganze trocknen, und schneiden Sie den Umriss mit dem Cutter aus.

4/ Kleben Sie das zweite Motiv auf die andere Seite der Platte, und achten Sie dabei darauf, dass das Motiv seitenverkehrt und deckungsgleich mit der Vorderseite ist.

5/ Stechen Sie ein kleines Loch in den Anhänger, durch das Sie einen Bronzering schieben können. Öffnen Sie die Ringe jeweils mit zwei Flachzangen. Verdrehen Sie den Ring nur ganz leicht, um ihn nicht aus der Form zu bringen. Befestigen Sie die Sicherheitsnadel am letzten Ring. Schließen Sie die Ringe auf dieselbe Weise mit den beiden Zangen.

6/ Tragen Sie ein oder zwei Schichten Transferlack auf das Motiv auf, um die Brosche zu schützen und ihr einen gleichmäßigen Effekt zu verleihen.

Das Ganze funktioniert auch mit Kinderzeichnungen!

ECOLE

Kindergeschirr

Material

Plastik- oder Holzbesteck, Pappteller, Metallbecher usw.
Verschiedenartige bunte Papierstücke: Origamipapier, Geschenkpapier, chinesisches Papier usw.
Schere
Zirkel
Sprühkleber
Pinsel
Transferlack

1/ Schneiden Sie mehrere relativ freie Formen aus:
– Streifen entsprechend der Höhe eines Metallbechers
– mit dem Zirkel gezeichnete Kreise im Durchmesser des Mittelteils eines Tellers
– kleine Rechtecke in der Breite eines Tellerrands
– Rechtecke in der Länge eines Besteckgriffs

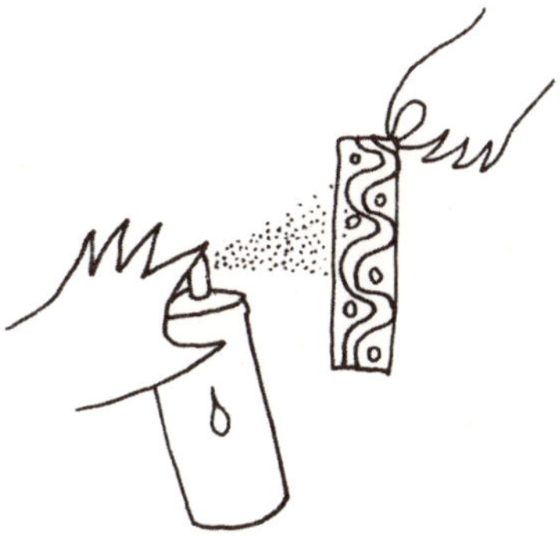

2/ Sprühen Sie alle Papierstücke mit Kleber ein, und kleben Sie sie auf die jeweilige Unterlage (je nach gewünschtem Effekt direkt nebeneinander oder in Abständen).

3/ Tragen Sie mit dem Pinsel eine abschließende Schicht Transferlack auf die Objekte auf. Lassen Sie alles trocknen.

Spielzeugtruhe

Material

Spielzeugtruhe
Weiße Holzfarbe
Kinderzeichnungen
Transferlack
Teppichmesser
Lineal
Borstenpinsel
Schneidunterlage

1/ Streichen Sie die Spielzeugtruhe weiß an. Messen Sie sie aus, und notieren Sie die Maße.

2/ Fotokopieren Sie die Kinderzeichnungen, die Sie verwenden möchten. Sie können mit dem Farbkopierer auch Details vergrößern oder Elemente duplizieren.

3/ Passen Sie die Kopien ein. Schneiden Sie mit dem Teppichmesser und einem Lineal Papierstreifen aus den Zeichnungen.

4/ Streichen Sie die Oberseite des Deckels der Spielzeugtruhe mit dem Borstenpinsel mit Transferlack ein.

5/ Tauchen Sie die Zeichnungen kurz in Wasser, damit das Papier weich wird. Lassen Sie sie abtropfen, streichen Sie sie mit Transferlack ein, und kleben Sie sie dann auf die Truhe. Tragen Sie ein bis zwei weitere Schichten Transferlack auf, um der Truhe einen gleichmäßigen Effekt zu verleihen.

6/ Verfahren Sie mit den Seitenteilen auf dieselbe Weise.

Metalldosen

Material

Metalldose
Kinderzeichnungen
Transferlack
Teppichmesser
Zirkel
Lineal
Borstenpinsel
Schneidunterlage

1/ Wählen Sie aus den gesammelten Kinderzeichnungen Motive aus.
Die für dieses Projekt verwendeten Zeichnungen wurden auf Karopapier angefertigt.

2/ Messen Sie die Länge der glatten zu verzierenden Fläche abzüglich des Deckels.

3/ Schneiden Sie mit dem Teppichmesser Streifen in dieser Höhe aus den Kinderzeichnungen aus.

4/ Bestreichen Sie die Metalldose und die Papierstreifen mit einem Borstenpinsel mit Transferlack.

5/ Für den Deckel:
Messen Sie den Durchmesser des Metalldeckels.
Zeichnen Sie mit dem Zirkel einen Kreis mit demselben Durchmesser auf die Zeichnung.
Schneiden Sie den Kreis aus, und bestreichen Sie ihn mit Transferlack.
Jetzt müssen Sie nur noch einen schmalen Streifen aus der Kinderzeichnung ausschneiden und auf die glatte Seite des Deckelrandes kleben, damit die Dose vollkommen bedeckt ist.
Tragen Sie ein bis zwei Schichten Transferlack auf, um der Dose einen gleichmäßigen Effekt zu verleihen und sie zu schützen.

tiphaine

Garderobe

Material

Trägerplatte von 2 cm Dicke, 45 x 13 cm
Geblümtes Seidenpapier
3 Kleiderhaken aus Metall oder Keramik
Akkuschrauber
Schrauben
Kinderzeichnungen
Transferlack
Teppichmesser
Lineal
Schere
Borstenpinsel
Schneidunterlage

1/ Schneiden Sie einen Streifen Seidenpapier von 60 x 25 cm zurecht.

2/ Bestreichen Sie die Trägerplatte mithilfe des Borstenpinsels mit Transferlack.
Bestreichen Sie das Seidenpapier ebenfalls mit Transferlack, und kleben Sie es vorsichtig auf den Träger.

3/ Lassen Sie das Ganze trocknen, und befestigen Sie dann die Kleiderhaken mit dem Akkuschrauber.

4/ Schneiden Sie Motive aus den Kinderzeichnungen aus, streichen Sie sie mit Transferlack ein, und kleben Sie sie nach Belieben auf die Garderobe auf.

5/ Tragen Sie ein bis zwei weitere Schichten Transferlack auf, um der Garderobe einen gleichmäßigen Effekt zu verleihen.

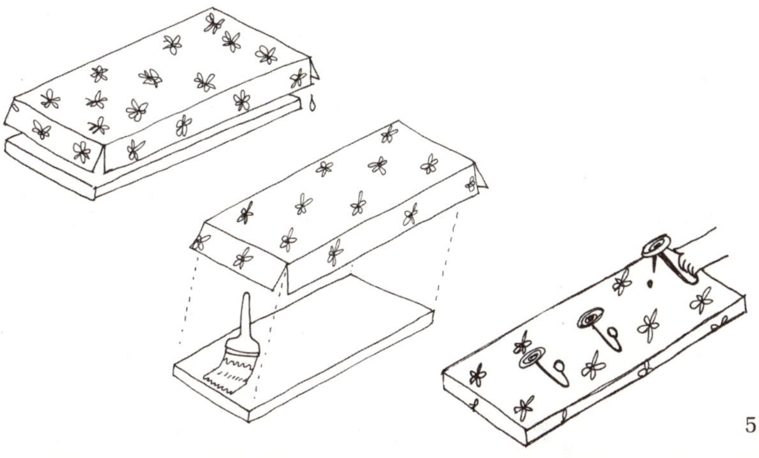

Weiße Weihnacht

Teller

Material

Für einen Teller:

1 einfacher Teller aus transparentem Glas (z.B. Pyrex®)
1 Papierserviette
Schere
Großer Flachpinsel mit weichen Borsten
Transferlack für Keramik
1 Tube weiße Acrylfarbe (optional)

1/ Ziehen Sie die obere Schicht der Serviette ab.

2/ Drehen Sie den Teller um, und streichen Sie ihn mit Transferlack ein.

3/ Kleben Sie die Serviette auf (bedruckte Seite auf die Unterseite des Tellers), streichen Sie sie mit dem Pinsel glatt, und tragen Sie dabei eine weitere feine Schicht Transferlack auf. Lassen Sie das Papier trocknen.

4/ Schneiden Sie mit der Schere die überstehenden Serviettenreste ab, die nicht am Teller kleben.

5/ Abhängig von der Transparenz des Tellers kann der Druck ein wenig blass erscheinen. Tragen Sie in diesem Fall eine Schicht weiße Acrylfarbe auf die Serviette auf, dadurch wird der Druck wieder deutlicher. Lassen Sie die Farbe trocknen.

6/ Tragen Sie eine letzte Schicht Transferlack auf die Acrylfarbe auf. Lassen Sie den Lack trocknen (ca. 4 Stunden), und brennen Sie den Teller etwa 30 Minuten bei 170 °C im Backofen.

Kerzen

Material

Weiße Kerze, 20 cm hoch
Weiße Kerze, 15 cm hoch
Papierservietten mit silberfarbenem Aufdruck
Papierservietten mit goldenem Aufdruck
Transferlack für Kerzen
Schere
Teppichmesser
Lineal
Borstenpinsel
Schneidunterlage

1/ Ziehen Sie die obere Schicht einer Serviette mit Goldmuster und einer Serviette mit Silbermuster ab.

2/ Schneiden Sie einen Streifen von 13 cm Breite aus der Serviette mit Goldmuster und einen Streifen von 10 cm Breite aus der Serviette mit Silbermuster jeweils in der passenden Länge (Kerzenumfang) zurecht.

3/ Tragen Sie mit dem Borstenpinsel Transferlack für Kerzen auf die Kerzen und auf die Papierstreifen auf.
Kleben Sie den 13 cm breiten Serviettenstreifen mit Goldmuster auf die 20 cm hohe Kerze und den 10 cm breiten Streifen mit Silbermuster auf die 15 cm hohe Kerze.

4/ Tragen Sie ein bis zwei weitere Schichten Transferlack für Kerzen auf die Kerzen auf.

Schneeflocken

Material

Leichtschaumplatte (z.B. Styropor®)
Papierservietten mit Weihnachtsmotiven
Bleistift
Teppichmesser
Cutter
Transferlack
Borstenpinsel
Schneidunterlage

1/ Fotokopieren Sie die auf Seite 62 abgebildete Schneeflocke und schneiden Sie sie mit dem Teppichmesser aus.

2/ Schneiden Sie ein Quadrat in der Größe der Schneeflocke aus der Leichtschaumplatte zu.

3/ Ziehen Sie die obere Schicht einer Serviette ab, streichen Sie die Vorderseite der Leichtschaumplatte mit Transferlack ein, und kleben Sie die Serviette auf.

4/ Lassen Sie den Lack mehrere Stunden trocknen, und kleben Sie dann eine weitere Papierserviette mit dem Transferlack auf die Rückseite der Platte.

5/ Nachdem der Lack gut getrocknet ist, übertragen Sie das Schneeflockenmotiv auf die beklebte Platte und schneiden die Schneeflocke sorgfältig mit dem Cutter aus. Tragen Sie ein bis zwei weitere Schichten Transferlack auf, um der Weihnachtsdekoration einen gleichmäßigen Effekt zu verleihen und sie zu schützen.

Weihnachtsbaum

Material

Leichtschaumplatte (z.B. Styropor®)
Papierservietten mit goldenen Punkten auf weißem Untergrund
Bleistift
Teppichmesser
Transferlack
Borstenpinsel
Schneidunterlage
Cutter

1/ Fotokopieren Sie den auf Seite 63 abgebildeten Weihnachtsbaum und schneiden Sie ihn mit dem Teppichmesser aus.

2/ Schneiden Sie zwei gleich große Rechtecke in Höhe und Breite des Weihnachtsbaums aus der Leichtschaumplatte aus.

3/ Kleben Sie die vorher abgezogene obere Schicht einer Serviette mit Transferlack auf die Vorderseite der Leichtschaumplatte auf.

4/ Lassen Sie den Lack mehrere Stunden trocknen, und kleben Sie dann eine weitere Papierserviette mit dem Transferlack auf die Rückseite der Platte. Wiederholen Sie den Vorgang für den zweiten Weihnachtsbaum.

5/ Lassen Sie die Teile gut trocknen, übertragen Sie das Weihnachtsbaummotiv auf die beklebten Leichtschaumplatten, und schneiden Sie beide Bäume mit dem Cutter aus. Kerben Sie die Bäume ein, um sie zusammenstecken zu können. Tragen Sie ein bis zwei weitere Schichten Transferlack auf, um der Dekoration einen harmonischen Effekt zu verleihen und sie zu schützen.

Christbaumkugeln

Material

Weiße Kugeln aus Polystyren (eventuell in verschiedenen Größen)
Mehrere Papierservietten mit möglichst kleinen Motiven
Schere
Flachpinsel mit weichen Borsten
Transferlack

1/ Schneiden Sie kleine Formen (Bändchen, kleine Punkte, Karos usw.) aus den Papierservietten aus, um diese anschließend leichter aufkleben zu können.

2/ Ziehen Sie jeweils die obere Papierschicht ab.

3/ Platzieren Sie die Motive auf der Kugel, halten Sie sie mit einem Finger fest, und tragen Sie mit dem Pinsel Transferlack auf, um sie festzukleben. Lassen Sie den Lack trocknen.

4/ Wenn die Kugel fertig dekoriert ist, tragen Sie eine zweite Schicht Transferlack auf, um der Kugel einen gleichmäßigen seidenmatten Effekt zu verleihen.

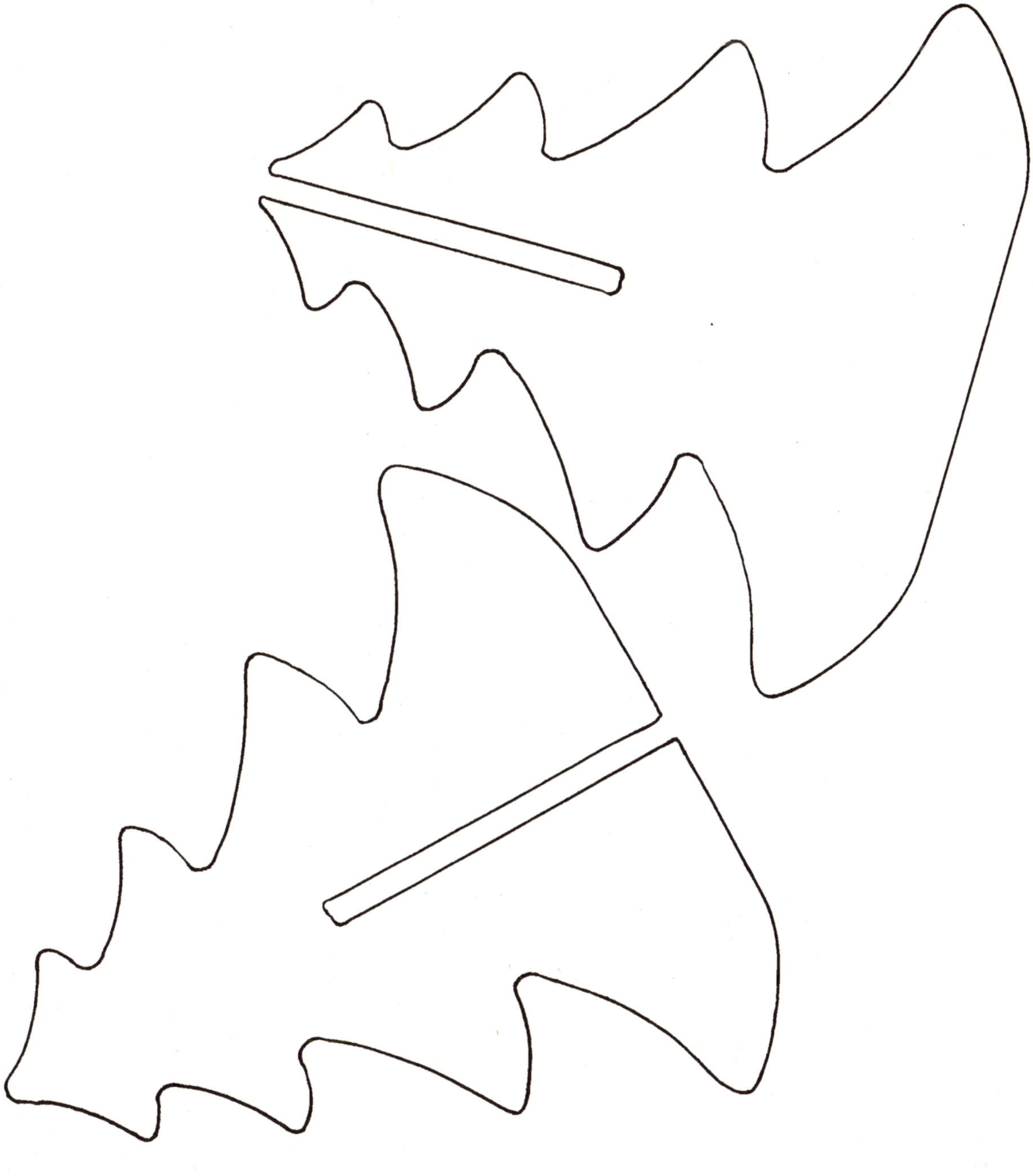

Herzlichen Dank an die Häuser Sandberg und Nobilis für das bunt bedruckte Papier und an das Geschäft Au fil des couleurs.

BEZUGSQUELLEN

BHV: Kugeln S. 56 und 57

CSAO: Sessel S. 17

Forge de Laguiole: Messer S. 18, 56 und 57

Galeries Lafayette: Zuckerkugel S. 23, Papierservietten S. 27

Habitat: Lampenschirm S. 25, Girlande S. 27, 56 und 57, Nachttisch der Designerin Anna Castelli S. 30, Papierservietten S. 6, 59, 60

Ikea: Lampenfuß S. 25, Spielzeugtruhe S. 51

Le bon marché: Papier S. 30 und 31, Papierservietten S. 6, 14, 15, 26, 28, 32, 34, 38, 39, 41, 56, 57, 59, 60

Le boudoir et sa philosophie: Papierservietten S. 6, 43 und 45

Le printemps: Papierservietten S. 13, 22, 38

Les touristes: Tischdecke S. 10, bedrucktes Papier S. 16, 17, 37

LSA: Glas S. 42

Monoprix: Schälchen und Löffel S. 32, Papierservietten S. 19

Muji: Notizheft S. 19

Nobilis: Bedrucktes Papier S. 14, 20, 28, 34, 40

Osborne & Little: Bedrucktes Papier S. 37

Pan: Hasenlampe des Designers Egmont Toys S. 53

Silvera: Sofa des Designers Zanotta S. 25, 26 und 27

Tang frères: Metalldosen S. 19 und 53

NÜTZLICHE ADRESSEN

DEUTSCHLAND

www.efco.de
Großes Sortiment an Bastelartikeln, u.a. Klebefolie für Laternen, verschiedene Klebstoffe, Servietten, Papiere, Blumentöpfe und Spiegel

www.gerstaecker.de
Großes Sortiment an Artikeln für den Kunstbedarf, u.a. Papiere, Styroporkugeln, Farben, Klebstoffe

www.hobbyprodukte.de
Großes Sortiment an Bastelartikeln, u.a. Serviettenkleber für Keramik, verschiedene Papiersorten und Servietten.

www.hobbyversand-schlachter.de
Großes Sortiment an Bastelartikeln, u.a. Decofix-Serviettenkleber, Decofix-Textilkleber (Transfermittel und Lack in einem), Pinsel, Servietten

www.knorrprandell.com
Großes Sortiment an Bastelartikeln, u.a. verschiedene Transferlacke auch für Kerzen und Textilien, Servietten, Papiere, Klebefolien für Lampenschirme

www.paperfrog.de
Großes Sortiment an Papieren, u.a. Origamipapier, Lampenpapier

SCHWEIZ

www.abalone.ch
Großes Sortiment an Bastelartikeln, u.a. bunte Papiere, Styropor in vielen Formen, Klebstoffe

www.gerstaecker.ch
Großes Sortiment an Artikeln für den Kunstbedarf, u.a. Papiere, Styroporkugeln, Farben, Klebstoffe

---

Die französische Originalausgabe erschien 2006 unter dem Titel *Petits papiers collés* bei Marabout (Hachette Livre), F-Paris

Illustrationen: Justine Jacquot-Haméon
Gestaltung: emigreen.com

Aus dem Französischen übersetzt von Sylvia Scheibe, D-Lübeck
Satz der deutschen Ausgabe: Thomas Heider, D-Bergisch Gladbach
Umschlaggestaltung: René Tschirren, CH-Bern

Bibliografische Information der Deutschen Nationalbibliothek
Die Deutsche Nationalbibliothek verzeichnet diese Publikation in der Deutschen Nationalbibliografie; detaillierte bibliografische Daten sind im Internet über http://dnb.d-nb.de abrufbar.
ISBN: 978-3-258-07202-9

www.haupt.ch

Wünschen Sie regelmäßig Informationen über unsere neuen Kunsthandwerk-Titel? Möchten Sie uns zu einem Buch ein Feedback geben? Haben Sie Anregungen für unser Programm? Dann besuchen Sie uns im Internet auf **www.haupt.ch.** Dort finden Sie aktuelle Informationen zu unseren Neuerscheinungen und können unseren Newsletter abonnieren.